**Baráyeh
Shahín va Heydar Alí
Motekhasesíne e'shgh**

Pronunciation Guide©

Persian	English	Pronunciation
اَ	a	**a**nt
آ	á	**a**rm
ب	b	**b**at
د	d	**d**og
اِ	e	**e**nd
ف	f	**f**un
گ	g	**g**o
ه	h	**h**at
ح	h	**h**at
ی	í	m**ee**t
ج	j	**j**et
ک	k	**k**ey
ل	l	**l**ove
م	m	**m**e
ن	n	**n**ap
اُ	o	**o**n
پ	p	**p**at
ق	q/gh*	me**r**ci
ر	r	**r**un
س	s	**s**un
ص	s	**s**un
ث	s	**s**un

Persian	English	Pronunciation
ت	t	**t**op
ط	t	**t**op
و	ú	m**oo**n
و	v	**v**an
ی	y	**y**es
ذ	z	**z**oo
ز	z	**z**oo
ض	z	**z**oo
ظ	z	**z**oo
چ	ch	**ch**air
غ	gh*	me**r**ci
خ	kh*	ba**ch**
ش	sh	**sh**are
ژ	zh	plea**s**ure
ع	'	uh-oh†

- * : guttural sound from back of throat
- † : glottal stop, breathing pause
- ّ : Indicates a double letter
- ً : Indicates the letter n sound
- لا : Indicates combination of letter l & á (lá)
- ای : Indicates the long í sound (ee in m**ee**t)
- اِی : Indicates the long í sound (ee in m**ee**t)
- (...) : Indicates colloquial use

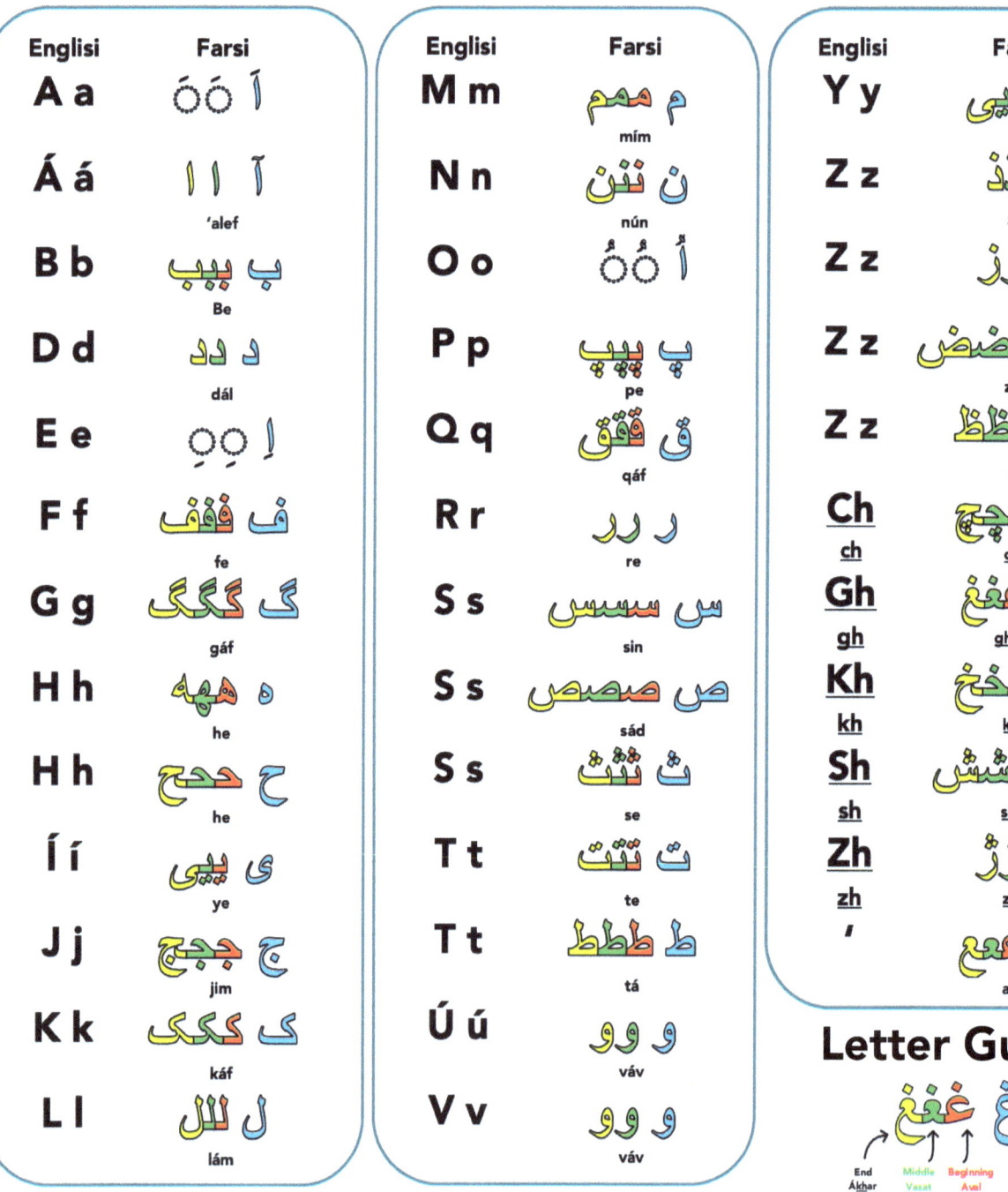

The Persian A, B, D's
(because there is no C in Persian)

We want to simplify your Persian learning journey as it is such a unique & enigmatic language. There are 32 official Persian letters. The letters change form depending on their position in a word or when they appear separate from other letters. For example, the letter ghayn غ has four ways of being written depending on where it appears in any given word:

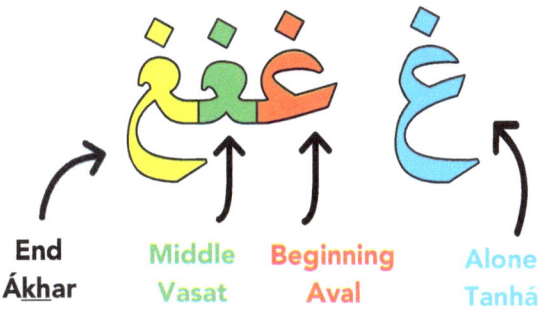

End
Ákhar

Middle
Vasat

Beginning
Aval

Alone
Tanhá

It is important to note that Persian books are read from right to left (←). There are 7 separate/stand-alone letters that do not connect in the same way to adjacent letters (these will not be depicted in red). They are:

Stand alone
Tanhá vámístan

The short vowels a, e & o are usually omitted in literature and are depicted by markings above & below letters (ُ َ). They are not allocated a letter name, unlike their long vowel counterparts á: alef, í: ye & ú: váv (و ی آ).

A a
(short 'a')

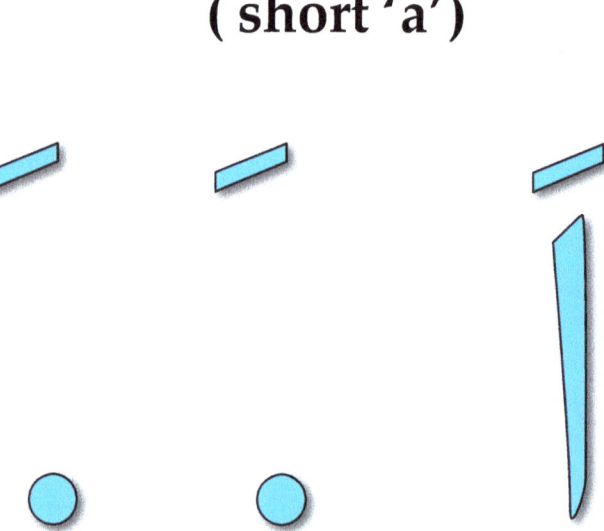

asb

horse

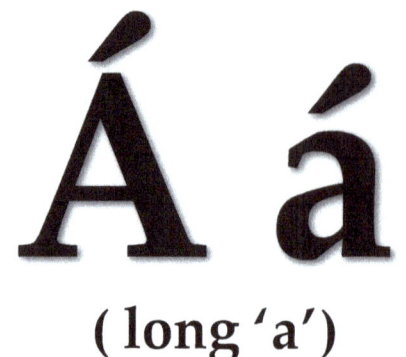

(long 'a')

{ 'alef }

آبی

ábí

blue

B b

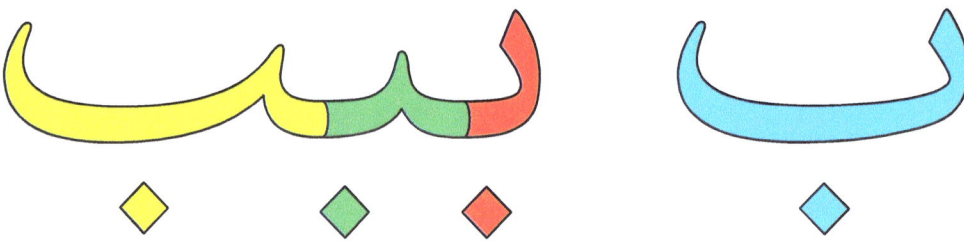

{ be }

بوس

b**ús**

kiss

D d

{ dál }

دوست

dúst

friend

E e

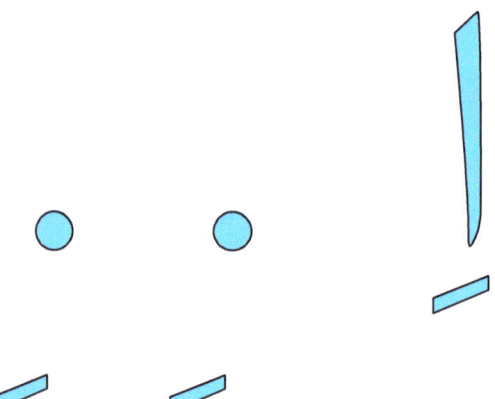

اِمروز

emrúz

today

F f

{ fe }

فيل

fíl

elephant

G g

{ gáf }

گاو

gáv

cow

H h

{ he }

هَمکاری

hamkárí

cooperation

H h

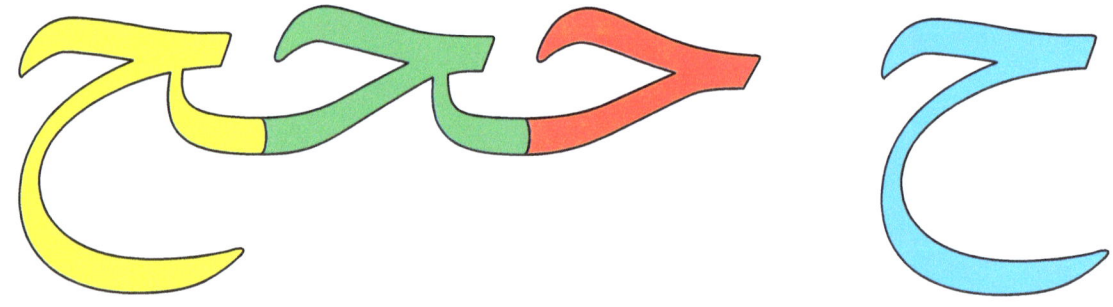

{ he }

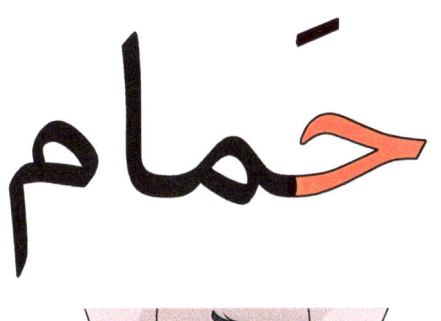

hamám

bath

Í í / Y y

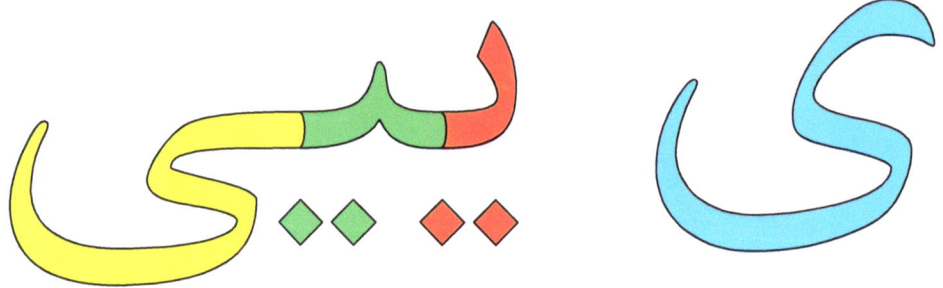

{ ye }

اِیران

Írán

Iran

J j

{ jim }

جوجه

jújeh

chick

K k

{ káf }

komak

help

L l

{ lám }

lák posht

turtle

M m

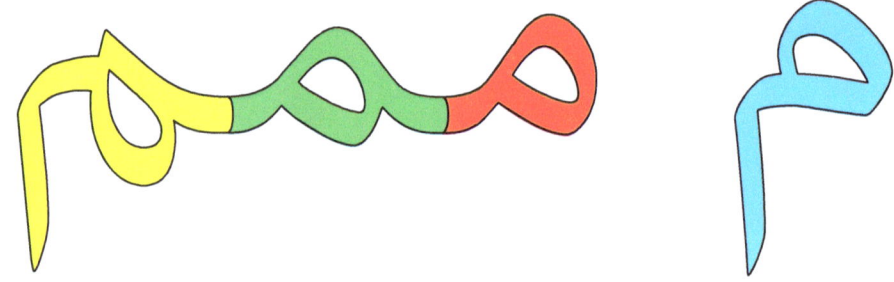

{ mím }

موش

músh
—
mouse

N n

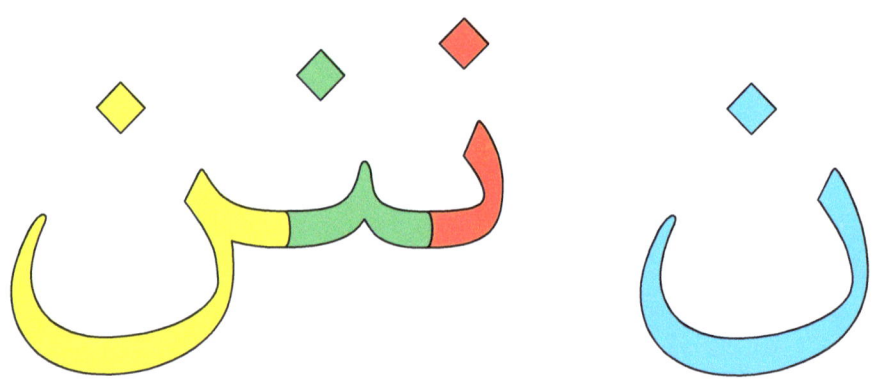

{ nún }

نِگاه

n̲egáh

look

Oo

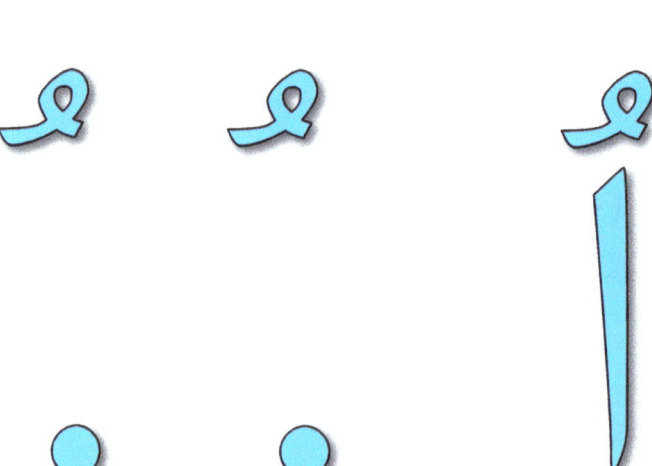

أُرَدَك

ordak

duck

P p

{ pe }

پَدَر

pedar

father

Q q

{ qáf }

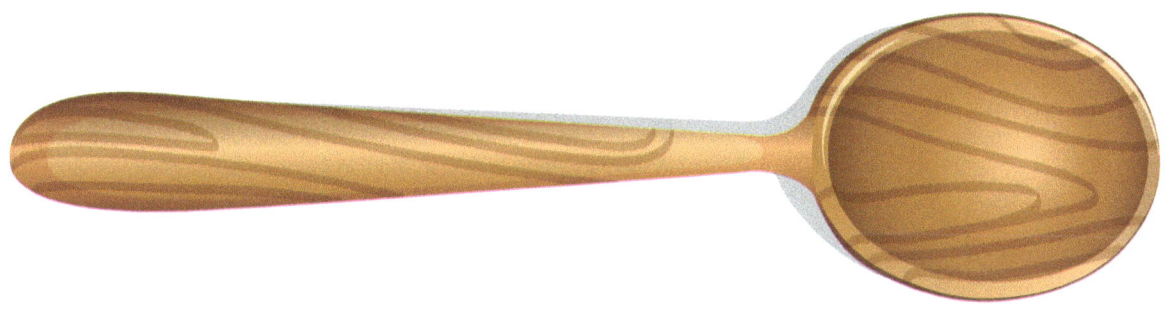

qáshoq

spoon

R r

{ re }

روباه

rúbáh

fox

S s

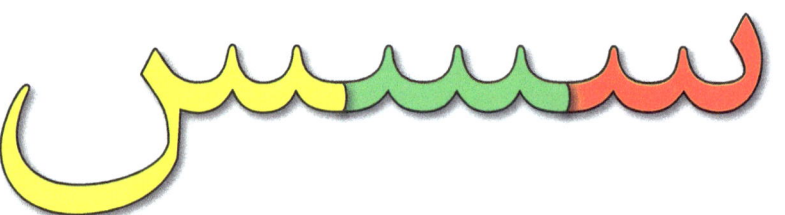 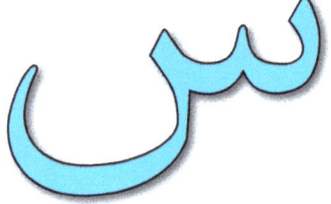

{ sin }

síáh

black

S s

{ sád }

صابون

sábún

soap

S s

{ se }

mosallas

triangle

T t

{ te }

توت

tút

mulberry

T t

{ tá }

طاووس

távús

peacock

Ú ú / V v

{ váv }

توپ

túp
ball

V v / Ú ú

{ váv }

vánet

ute

Y y / Í í

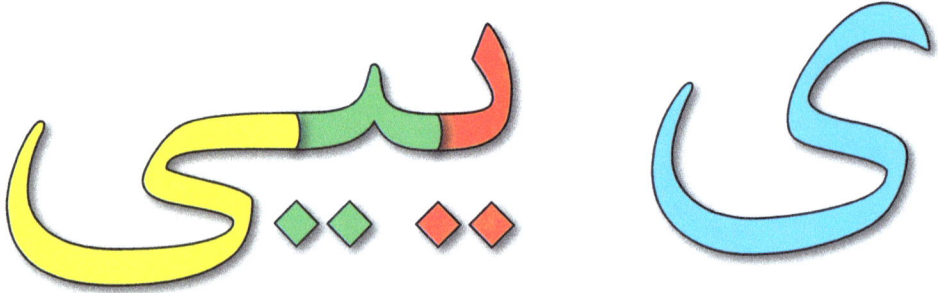

{ ye }

یک

۱

yek

one

Z z

{ zál }

بُسَرْت

zorrat

corn

Z z

{ ze }

زَرافِه

zaráfeh

giraffe

Z z

{ zád }

zíáfat

feast

Z z

{ zá }

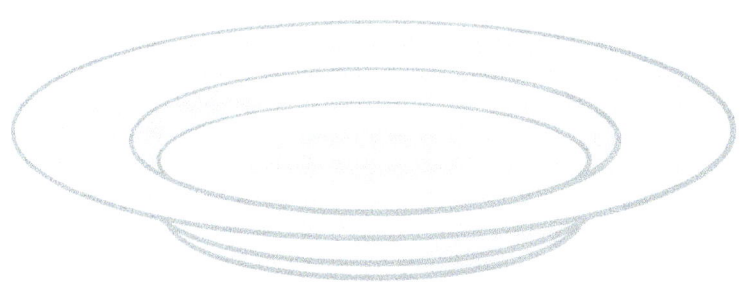

zarf

plate

Glottal Stop,
breathing pause

{ ayn }

عَزيز

aʹzíz

dear/darling

Ch ch

{ <u>ch</u>e }

changál

fork

Gh gh

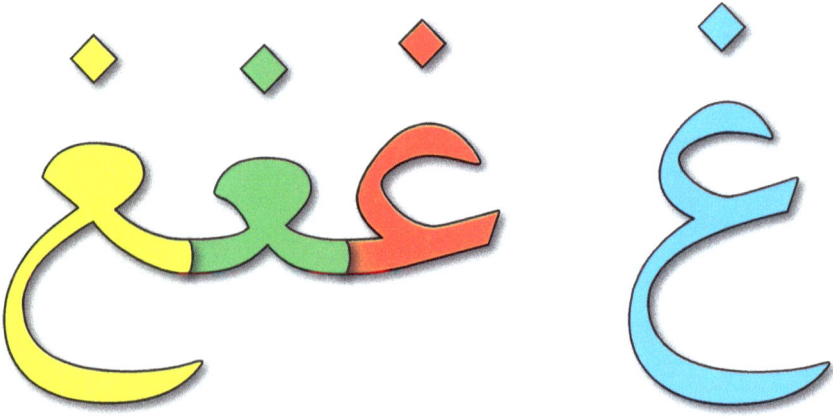

{ <u>g</u>hayn }

ghazá

food

Kh kh

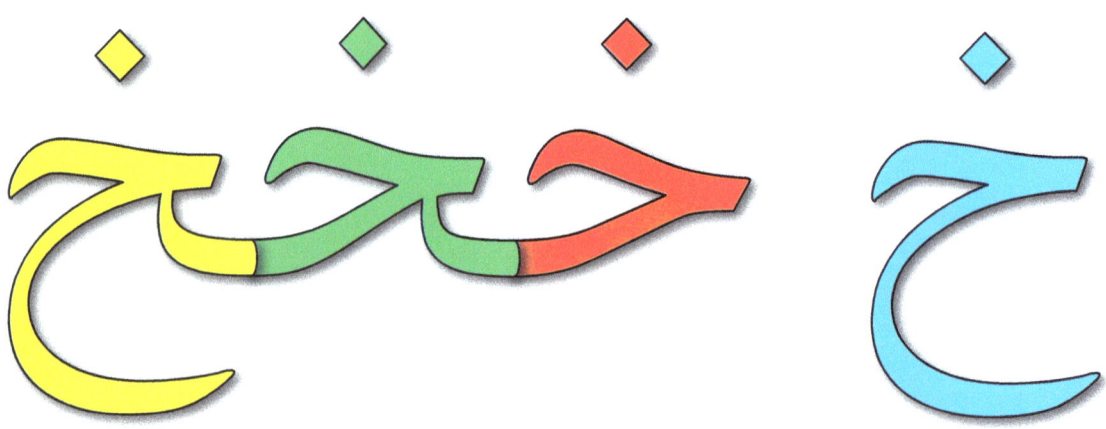

{ <u>kh</u>e }

خَر

khar

donkey

Sh sh

{ shin }

شتر

shotor
---
camel

Zh zh
___ ___

{ zhe }

zhákat

jacket

www.ingramcontent.com/pod-product-compliance
Lightning Source LLC
Chambersburg PA
CBHW061134010526
44107CB00068B/2936